Canarios

sanos y felices

> Autor: **Lutz Bartuschek** | Fotos: **Oliver Giel**

Indice

Conozca a su canario

Actividades

Apéndices

HISPANO EUROPEA

Un hogar feliz

Una elección correcta

La ciencia ha demostrado algo que los amantes de los animales ya sabían desde hace mucho tiempo: Se es más feliz viviendo con animales. Nos dan compañía y nos ayudan a desprendernos del estrés. Pero también necesitan dedicación

> *La simpatía y el canto del canario siempre nos ponen de buen humor.*

y cuidados. Los animales van bien para la mente. Pero antes de decidirse por un animal hay que analizar muy bien todos los pros y los contras.

¿Por qué los canarios?

Es probable que usted aún recuerde a ese pequeño cantarín de color amarillo o naranja que vivía en una jaula en casa de su abuela y cuyo canto la alegraba durante todo el día. Pero los canarios no sólo son una buena compañía para las personas mayores.

➤ Los simpáticos canarios, con el virtuosismo de su canto, su hermosa apariencia y su gran agilidad, nos traen a casa un poco de naturaleza.

➤ Son fuertes, poco exigentes y fáciles de cuidar. Por lo tanto, son ideales para los principiantes.

➤ Los niños se sienten muy atraídos por estos pájaros tan alegres (ver pág. 35), que pueden hincharse como una pelota de tenis y que tienen un comportamiento tan interesante.

➤ También es muy fácil mantenerlos en pareja (ver pág. 9).

➤ Estos pequeños tenores suelen volverse mansos y pacíficos, pero nunca llegan a perder del todo su instinto de huida. ¡No son animales para acariciarlos y achucharlos!

➤ Existe una gran variedad de razas y coloraciones.

➤ Los canarios se llevan bien con la mayoría de los animales domésticos, a excepción de los predadores tales como ga-

SUGERENCIA

Los canarios necesitan:

➤ Mucho espacio: Los canarios necesitan una jaula grande en la que puedan volar a sus anchas (ver pág. 14).

➤ Volar libremente: Deje que vuelen una hora al día y se mantendrán siempre en forma.

➤ Limpieza: El baño diario y una jaula muy limpia son dos de los requisitos básicos de los canarios.

➤ Sol, aire, luz: El mejor emplazamiento para colocar la jaula es un lugar que reciba el sol de la mañana y en el que no haya corrientes de aire.

➤ Puntualidad: A los canarios les gusta mucho la rutina cotidiana y que les demos de comer siempre a la misma hora.

> De aventuras por la casa: el interesante comportamiento de los canarios nos permite pasar mucho rato observándolos.

tos, ratas, hámsters y hurones (ver pág. 25).

De animal silvestre a animal doméstico

El color marrón verdoso de los canarios silvestres que viven en las Islas Canarias no se parece mucho al brillante colorido de sus descendientes que viven en cautividad. Fue su canto lo que cautivó a los navegantes españoles del siglo XV, haciendo que se llevasen algunos ejemplares a la madre patria. Los monjes de algunos monasterios lograron obtener su reproducción, y al cabo de poco tiempo el canario se extendió por toda Europa. Los mineros de la región del Tirol se convir-

tieron en unos expertos en este pájaro, que también les era de gran utilidad. Llevaban canarios en sus descensos a los pozos de las minas porque eran los primeros en detectar las acumulaciones de gases tóxicos y así los mineros podían salir a tiempo y salvar sus vidas. Los mineros que emigraron a la región del Harz se llevaron a los canarios con ellos, y actualmente la variedad conocida como Roller del Harz es una de las más apreciadas en Alemania. Existen miles de criadores que se esfuerzan constantemente en conseguir nuevas razas y en mejorar el canto, la coloración y la morfología de este pequeño pájaro.

RECUERDE

¿Puedo tener un canario en casa?

Responsabilidad
✔ Los canarios viven de 10 a 15 años.

Cuidado durante las vacaciones
✔ Asegúrese de poder contar con alguien que lo cuide durante su ausencia (ver pág. 55).

Cuidados
✔ Los canarios solamente se mantienen sanos si los cuidamos diariamente.

Rastros
✔ Los canarios dejan caer excrementos cuando vuelan libres por la habitación, y en su jaula se acumulan plumas y cáscaras de semillas.

Variedad
✔ Si le ofrece muchas distracciones conseguirá que su canario se mantenga feliz y en forma (ver pág. 52).

¿Qué canarios son los que más me convienen?

Actualmente podemos elegir entre una inmensa variedad de canarios. Existen más de 30 razas y en cada una de ellas hay infinidad de coloraciones. Pero la mayoría solamente son de interés para los criadores

> *Cuando los canarios se limpian las plumas nos demuestran el gran dominio que ejercen sobre su cuerpo.*

especializados. Si usted desea simplemente tener un animal doméstico agradable, es mejor que se fije más en su canto que en su aspecto. Todos los canarios tienen un comportamien-

to agradable y simpático, y son fáciles de cuidar.

¿Tenor o modelo?

Los canarios seleccionados por su coloración o su figura destacan más por su aspecto externo que por su canto. He conocido varios casos en los que un macho de brillante coloración se ha visto obligado a abandonar su nuevo hogar al cabo de pocas semanas porque su tono de voz era totalmente insoportable. Para mí, el canario más atractivo sigue siendo el típico canario cantor –el Harz Roller–. A esta variedad pertenecen muchos de los

canarios amarillos y su canto es suave, agradable y armonioso. Nunca es molesto ni desagradable, ni siquiera en viviendas pequeñas.

¿Macho o hembra?

El canto típico del canario es exclusivo de los machos y está formado por sucesiones de trinos, silbidos y gorjeos que se prolongan durante horas. El macho emplea el canto para delimitar su territorio y atraer a la hembra. La mejor forma de mantener a estos pájaros es en pareja, pero en este caso deberá contar con que tendrán descendencia (ver pág. 32). El

---

SUGERENCIA

Cómo acostumbrar unos canarios a otros

➤ Excitación primaveral: En primavera, coloque primero a la pareja en jaulas separadas puestas una al lado de la otra hasta que observe que el macho da de comer a la hembra a través de la reja.

➤ Evitar envidias: Ponga a cada pájaro un comedero propio y con la misma cantidad de alimento que al otro.

➤ Cosas de mujeres: Para lograr que dos hembras se acostumbren la una a la otra es mejor intentarlo fuera de la época de la reproducción.

➤ Horario: Junte a los canarios a última hora de la tarde, pero no los pierda de vista.

macho y la hembra se llevan muy bien si los habituamos lentamente el uno al otro (ver sugerencias en el recuadro).

¿Solo o en pareja?

Los canarios que viven solos suelen cantar mucho. Pero lo ideal, tanto para el pájaro como para su dueño, es tener una pareja. El cortejo de los canarios tiene lugar en primavera, pero si los mantenemos en una habitación cálida y que esté iluminada hasta última hora de la tarde, la hembra también incubará en invierno. Por este motivo es preferible separar a los machos y las hembras durante el invierno y mantener a éstas en una habitación algo más fresca y que solamente tenga luz natural. Así descansarán mejor. De lo contrario, el desovar constantemente puede llegar a debilitarlas mucho (ver pág. 33).

Los machos solamente se toleran bien durante los cortos días invernales. Intentar mantenerlos juntos durante la primavera es someterlos a un estrés constante. Cada uno de ellos querrá delimitar su propio territorio y no es raro que si se mantienen juntos varios canarios machos en celo acaben produciéndose disputas y que alguno de ellos salga

> *Un peinado tipo «Beatle»: El remolino de plumas sobre la cabeza es la característica propia de los canarios moñudos.*

gravemente lesionado o incluso muerto. Por lo tanto, solamente hay que mantener las parejas juntas durante todo el año si su instalación únicamente tiene luz natural; en todos los demás casos hay que separarlos durante el invierno.

Edad

Los canarios jóvenes se adaptan mucho mejor que los viejos a un nuevo entorno y son más fáciles de domesticar. Normalmente los criadores venden los ejemplares juveniles después de su primera muda, es decir, a la edad de unos cinco meses. El mejor momento para comprarlos es en noviembre o diciembre. Algunos criadores también venden hembras de cuatro o cinco años que están en perfectas condiciones, pero que ya solamente desovan de forma esporádica.

Algunas variedades
en detalle

Los antepasados de nuestros actuales canarios domésticos eran de un color verdoso no muy atractivo, pero mediante reproducción selectiva se han obtenido una gran cantidad de razas y variantes de color.

> **Harz Roller (izquierda) y variedad de factor rojo:** Harz Roller es el nombre de la más antigua de las razas de canarios cantores, y existe en los colores amarillo, blanco, verde y jaspeado. La reproducción selectiva se basa en su canto y no en su aspecto.

> **Gloster amarillo jaspeado:** El apreciado canario Gloster, del que existen numerosas coloraciones, se caracteriza por tener un cuerpo redondeado y una corona muy particular.

Canarios de las variedades de color amarillo y naranja (detrás): Los canarios de color amarillo, naranja o rojo carecen de melaninas (pigmentos oscuros) en sus plumas.

Canario lizard dorado con dorso jaspeado: A pesar de no tener una pose especial ni plumas más largas de lo normal, los canarios lizard se incluyen entre las variedades de pose.

Lizard plateado: Los canarios lizard se caracterizan por tener un dibujo en forma de escamas producido por el contraste entre el tono claro del borde de las plumas y su parte central más oscura.

Canario de la variedad de color Isabela dorado: Al reducirse la concentración de melanina se obtiene este característico efecto en el plumaje del dorso.

Canario de la variedad de color gris y blanco jaspeado: El jaspeado del plumaje debe ser lo más uniforme posible. Existen jaspeados de muchos colores.

Cuidado a la hora de la compra

Al adquirir un canario usted acepta la responsabilidad de velar por la felicidad de un pájaro durante los próximos 10-15 años. Por lo tanto, es lógico que necesite su tiempo para elegir el pájaro más adecuado. Los canarios son todos muy alegres y de aspecto sim-

> En los canarios encontramos una gran variedad de colores y dibujos muy atractivos.

pático, pero vaya con calma y elija aquel o aquellos que le parezca que van a poder convivir mejor con usted.

Elección
El mejor momento para efectuar la elección del canario es por la mañana, cuando estos pájaros se muestran más activos. Preste atención al canto del macho y elija uno que le resulte agradable.

➤ Visite varias tiendas de animales para poder establecer comparaciones.

➤ Si desea una raza muy concreta es posible que deba dirigirse directamente a un criador. Las direcciones puede encontrarlas en los clubs de aficionados, en las revistas especializadas y, a veces, en los periódicos de anuncios.

➤ Algunos centros de recogida de animales también tienen canarios para darlos en adopción.

➤ Es peligroso comprar en mercadillos y en mercados de animales, pues en esos lugares es fácil que se propaguen las enfermedades

¿Qué significa el anillo?
Los canarios sin anillar pueden cantar tan maravillosamente como los que están anillados. El anillo no es obligatorio, pero indica los datos del animal y los de su criador. Es algo así como su documento de identidad, y puede ser muy útil para volver a localizarlo en caso de fuga. Si el canario picotea constantemente el anillo deberá llevarlo al veterinario para que se lo saque.

SUGERENCIA

Comprar con seguridad

➤ Consejo: Consulte todas sus dudas al vendedor. Deberá ser una persona competente y sabrá contestar a todas sus preguntas.

➤ Origen: Los pájaros de la tienda deberán proceder de algún criadero cercano. A los animales les afectan mucho los transportes largos.

➤ Edad: Los ejemplares jóvenes se venden después de que hayan mudado por primera vez, y al llegar el primer invierno tendrán de 5 a 8 meses de edad.

➤ Concierto doméstico: Escuche atentamente al macho mientras canta e imagine cómo sonaría su canto en su casa. ¿Es realmente agradable?

> *En primavera, los machos defienden su territorio ante cualquier intruso que se atreva a acercarse.*

Si el anillo está demasiado apretado puede impedir la irrigación de la pata hasta el punto de que no haya más remedio que amputarla.

¡Tenga esto en cuenta!

Apariencia general: Las patas y el pico deben estar libres de escamas o incrustaciones. No se preocupe si una de las plumas rémiges o caudales está rota, la cambiará en la próxima muda. Pero es importante que el plumaje presente un aspecto cuidado.

Alojamiento: Siempre deberán tener agua y comida a su disposición. La jaula y sus accesorios deberán estar limpios.

Comportamiento: Si el canario está sano volará o saltará alegremente por el interior de la jaula. Por la mañana, los machos cantan a todo pulmón. Los pájaros observan atentamente su entorno y si ven algo nuevo se sitúan en las perchas superiores de la jaula. Si los canarios no reaccionan cuando usted se acerca a la jaula es posible que estén enfermos.

Movilidad: Los canarios no deberán cojear ni tener problemas para saltar o volar. Tendrán que gozar de una total libertad de movimientos y deberán ser capaces de posarse sobre las perchas con seguridad.

Conozca su estado de salud de un vistazo

Plumaje
✔ El plumaje será liso y sin calvas; la cloaca estará limpia.

Patas
✔ Sin escamas, las uñas serán cortas y limpias. Si está anillado, el anillo deberá poder desplazarse arriba y abajo sin rozar.

Rostro
✔ Ojos limpios y brillantes, el pico cierra bien. Aberturas nasales limpias y muy pequeñas.
Si el canario estornuda es que está enfermo.

Cuerpo
✔ Ágil y estilizado. Los pájaros obesos suelen ser viejos o están enfermos.

13

Instalación adecuada

A los canarios les gusta mucho la actividad. Están siempre en movimiento e investigan su entorno con gran curiosidad. Proporcióneles un hogar en el que puedan ejercitar sus facultades innatas. Así se conservarán sanos y felices durante muchos años

Cuanto más grande, mejor

El alojamiento para los pájaros nunca podrá ser lo suficientemente grande. Después de todo, el canario va a pasar toda su vida en su interior. Sus alegres compañeros necesitan poder ejercitar sus alas y les encanta hacerlo.

➤ Dimensiones mínimas de una jaula para canarios: 80 cm de longitud, 40 cm de anchura, 50 cm de altura. La distancia entre los barrotes no será superior a 12 mm. En una jaula de estas características podemos alojar a una pareja, e incluso llegará a reproducirse. Pero deje que sus pájaros vuelen cada día un rato libres por la habitación (ver pág. 54). Los canarios que viven en jaulas demasiado pequeñas acaban sufriendo trastornos y repiten siempre los mismos movimientos de forma rítmica saltando de un lado a otro.

➤ No compre nunca una jaula redonda, pues los pájaros no serán capaces de orientarse en ella.

➤ Los barrotes deberán ser de metal oscuro y mate.

➤ Lo ideal es situar la jaula en un lugar próximo a una ventana y en el que le dé el sol por

Cuidado: los canarios intentarán bañarse en cualquier lugar con agua.

1 Agua

Sea para beber o para salpicarse con ella, el caso es que los canarios necesitan mucha agua. En función de la temperatura ambiental, estos pequeños pájaros pueden consumir diariamente de 10 a 75 ml de agua. Los bebederos con reserva son ideales porque el agua se mantiene fresca y no puede ensuciarse con excrementos o restos de alimento.

2 Ejercicio físico

Emplear ramitas naturales como perchas tiene muchas ventajas. Sus diferentes grosores hacen que las uñas siempre tengan que aferrarse a ellas de una forma distinta, con lo que se favorece su movilidad y su desgaste a la vez que se ejercitan los músculos de los dedos. Y además, el pájaro puede disfrutar picoteando unas sabrosas hojitas tiernas.

la mañana. Cuide de que también tenga sombra.

➤ Si los instalamos en una pajarera, nuestros pequeños cantores se sentirán a sus anchas y nos deleitarán con un amplio repertorio de comportamientos. Existen modelos con ruedas que podemos sacarlos al balcón o a la terraza según el tiempo que haga. Si la pajarera está bien protegida contra las corrientes de aire, la lluvia y los gatos, podemos dejar que nuestros canarios disfruten del sol, el aire y la luz durante la primavera, el verano y el otoño.

Accesorios adecuados

Si la jaula tiene una buena disposición interna, sus canarios dispondrán de mucho espacio libre para moverse a sus anchas.

➤ En la jaula hay que colocar por lo menos dos comederos: uno para grano y otro para alimento fresco. Emplee cubetas planas y colóquelas en un lugar bien iluminado de la jaula para que sus pájaros puedan empezar a comer a primera hora de la mañana.

➤ El agua se la colocaremos en un bebedero con reserva.

Estos cómodos accesorios de plástico se sujetan al exterior de la reja y aseguran un suministro constante de agua fresca y limpia. Los bebederos de demanda aún son más limpios. Mis canarios aprendieron muy pronto a tomar el agua de la bolita que hace de válvula.

➤ El suelo de la jaula para canarios estará cubierto por una capa de arena para pájaros. No emplee papel. También les gusta mucho que en una esquina haya un poco de tierra de bosque sin aditivos.

Juguetes

Por la noche, los canarios se acurrucan en el columpio o en un aro de madera colgante y duermen convertidos en una especie de bola de plumas. Si en la jaula viven varios canarios, es necesario que cada uno disponga de su propio lugar de descanso. Si ponemos otros juguetes, los canarios los investigarán con curiosidad pero no jugarán con ellos (ver pág. 52).

> *A la espera en su observatorio: desde arriba se ve todo mucho mejor.*

Perchas ecológicas

Lo ideal es emplear ramas naturales como perchas, pues el canario pasará la mayor parte del tiempo sobre ellas. Y lo más importante: se limpia el pico y el rostro frotándolo contra la percha. La suciedad de las perchas es una de las principales causas de las infecciones oculares de esas aves. Renuévelas con toda la frecuencia que pueda. Las ramas más apropiadas son las de avellano, aliso, sauce, haya, arce, álamo, abedul y, sobre todo, las de manzano sin tratar. Las perchas a base de ramas frescas de distintos grosores hacen que los pájaros hagan un ejercicio que les es muy beneficioso. Sus dedos tienen que adaptarse siempre a distintos soportes y conservan su movilidad. Los canarios también se entretienen durante horas pelando la corteza de estas ramitas y picoteando sus brotes tiernos. Esto los mantiene muy ocupados y siempre descubren algo nuevo. A mis canarios les doy cada día una ramita fresca que recojo durante mi paseo matinal con el perro. Con una tijera de podar rosales podemos cortarlas a la medida que más nos convenga.

Piscina

A los canarios les encanta bañarse. Póngales cada día la caseta de baño delante de la puerta de la jaula, a ser posible por la mañana. Si quiere darles la oportunidad de bañarse durante todo el día será conveniente que cambie varias veces el agua, pues sus pequeñas aves dejarán caer sus excrementos en ella y luego se beberían el agua sucia. El fondo de la piscina de sus canarios es mejor que no sea transparente porque a muchos esto les causa inseguridad. Algunos de mis canarios se bañan solamente cuando nadie los mira. Pero, ¿a quién le gusta que lo

SUGERENCIA

Así irá mejor la hora del vuelo libre

➤ Coloque en la jaula una rama gruesa que le sirva como zona de aterrizaje para que el canario pueda orientarse mejor.

➤ Es mejor que la primera vez que lo deje volar libremente lo haga por la tarde. Tenga paciencia, los canarios son unas aves muy prudentes.

➤ Una hora antes de soltarlo, retire el comedero de la jaula, así regresará a ella en cuanto tenga hambre.

➤ Ate un cordel a la puerta de la jaula para poder cerrarla a distancia en cuanto el canario haya vuelto a entrar. Así evitará que emprenda el vuelo de nuevo.

> Una de las cosas que más les gustan a los canarios es chapotear salvajemente en el agua, ¡pero es necesario que esté muy limpia! Por lo tanto, sólo hay que dejar que se bañen durante una o dos horas por la mañana y por la tarde.

observen mientras está en la ducha? Después del baño es conveniente cambiar la arena del suelo para evitar que proliferen bacterias patógenas. Si lo desea, a la hora del baño puede retirar la bandeja del suelo y colocar la jaula sobre una superficie absorbente. También puede colocar el baño en algún lugar de la habitación y dejar que se bañen a la hora en que los suelta para que vuelen en libertad.

Un árbol para los pájaros

Sus pájaros se sentirán muy felices si en la habitación o en la pajarera instala usted un árbol por el que puedan trepar. Para ello basta con llenar de arena una maceta de tamaño mediano, clavar en ella algunas ramas de distintas longitudes y unirlas transversalmente con otras ramitas atadas con cordel. Y listo, ya tiene un árbol casero para sus pájaros. Es un complemento ideal para las jaulas grandes y las pajareras; los excrementos de los pájaros caen en la arena de la maceta y son fáciles de retirar.

Vuelo libre

Por grande que sea y por muy bien acondicionada que esté la jaula, no hay nada que pueda sustituir la hora de vuelo libre por la habitación. Para estos pájaros tan activos es algo totalmente imprescindible si queremos que se mantengan sanos y en plena forma. Mis canarios siempre esperan la hora del vuelo libre con impaciencia. Solamente consigo hacerlos volver a la jaula a base de paciencia y de ofrecerles trocitos de pepino verde (ver pág. 54).
Para que no corran riesgos innecesarios durante las sesiones de vuelos es necesario que antes elimine todos los peligros potenciales (ver pág. 54).

Cuestiones acerca de la elección del canario y su instalación

? **Nos gustaría adquirir un canario que cante bien. ¿Cómo se puede distinguir un macho de una hembra cuando están en las jaulas de la tienda?**

En la mayoría de las tiendas de animales suelen tener a los canarios machos y hembras en jaulas separadas. Es frecuente que en las instalaciones de la tienda no todos los machos canten porque los dominantes inhiben a los más débiles. Fíjese en las plumas de la cabeza de estos pájaros: tienen un color más intenso que las del resto del cuerpo. En los canarios amarillos, el amarillo de la cabeza de los machos es acusadamente más intenso. Las hembras tienen una tonalidad más mate que la de los machos.

? **Mi tía de 70 años quiere que le regalen un canario por su cumpleaños. A su edad, ¿podrá cuidar bien a este animalito?**

Los canarios son fáciles de cuidar y unas mascotas ideales para las personas mayores porque les dan compañía, las mantienen ocupadas y no plantean tantas exigencias como, por ejemplo, un perro. Dele esa ilusión, pero lo mejor será que le regale un vale para la tienda y un libro. Así su tía podrá informarse antes de las necesidades de su nuevo compañero y luego podrá elegir el que más ilusión le haga.

? **Ante tanta variedad de razas nos cuesta mucho decidirnos. ¿Qué diferencia hay entre los canarios amarillos y los rojos?**

El canario amarillo es el más conocido de todos, muchos son auténticos Harz Roller y tienen un canto suave y melodioso. Los canarios rojos se obtuvieron hace unos 100 años mediante un cruzamiento de cardenalito de Venezuela con canarios hembras. Son tan robustos y vitales como los amarillos, pero su canto es algo más fuerte y suelen cantar a toda potencia durante

Sorpresa: ¿Será esto comestible? Los canarios siempre van en busca de nuevas golosinas.

horas, lo cual hace que en los pisos pequeños puedan llegar a ser algo agotadores.

¿Cuál es el mejor lugar de la casa para instalar la jaula de los canarios?

A los canarios les gusta mucho la luz. Yo he obtenido los mejores resultados colocando las jaulas en una pared cerca de la ventana y a salvo de las corrientes de aire. Lo ideal es situar las jaulas más o menos a la altura del pecho y de forma que reciban algo de sol por la mañana. Esto les va bien a todos los pájaros. La pared opuesta suele ser demasiado oscura y el canario no se sentirá tan feliz como ante la ventana.

En nuestra nueva galería hay espacio más que suficiente para montar una pequeña pajarera móvil. Pero en invierno nuestra galería carece de calefacción. ¿Sería perjudicial para los canarios?

No, en absoluto. Una galería sin calefacción es el lugar ideal para estos pequeños cantores. En un lugar así, un macho y su hembra pueden vivir felices durante muchos años. Los canarios toleran temperaturas relativamente bajas, incluso por debajo de los 0 °C. Pero en este caso hay que proporcionarles una alimentación mucho más fuerte que si los mantenemos durante el invierno en un lugar con calefacción (ver pág. 39). En verano deberá cuidar que una parte de la pajarera esté siempre a la sombra.

Nuestros hijos quieren que les compremos una mascota. Por desgracia, nuestra hija Melissa tiene alergia a los pelos de gato. ¿Podrían suponerle algún peligro las plumas de los pájaros?

La única forma de saber si su hija presenta también una reacción alérgica a las plumas o al polvo de plumas es mediante el correspondiente test que deberá realizarle su alergólogo. Antes de adquirir un canario deberá llevar a Melissa al especialista. De todos modos, no le recomiendo que coloque la jaula en la habitación de los niños. Para hacer la prueba no estaría mal que durante las vacaciones escolares cuidasen en casa a los pájaros de algún amigo que se haya ido de viaje o de vacaciones. Después de un par de semanas ya habrá podido comprobar si se produce o no la reacción alérgica.

Lutz Bartuschek

MIS CONSEJOS PERSONALES

Acondicionamiento de la jaula

➤ Procure que en la jaula de su canario haya mucho espacio libre para volar. Las perchas superiores deberán estar lo suficientemente separadas como para que el pájaro no pueda saltar de una a otra y se vea obligado a volar entre ellas.

➤ En las tiendas de animales venden unos soportes de ramas muy prácticos y que nos permiten cambiar estas perchas naturales en cuestión de segundos.

➤ Además de las ramitas finas también es conveniente colocar en la jaula algunas ramas más gruesas.

➤ Ponga en el suelo de la jaula una piedra áspera y del tamaño del pulgar. A los canarios les gustará posarse sobre ella y estirar el cuello para observar el entorno desde esta pequeña atalaya. Además, sus uñas se desgastarán de forma totalmente natural.

➤ No emplee comederos oscuros con cubierta. Los canarios prefieren comer en un entorno claro y luminoso.

Conozca
a su canario

Aclimatación sin problemas

Para el canario, su nuevo hogar es un lugar desconocido; y tiene miedo. Y no es de extrañar que sea así después de las vicisitudes del transporte y del estrés que conllevan. Pero su curiosidad innata no tardará en imponerse. Empezará a explorar su nuevo hogar con la cabeza ladeada y emitiendo constantes «pips», y pronto se sentirá a gusto con usted.

El viaje hasta casa
Es probable que usted se pregunte por qué a los pájaros solemos transportarlos en unas cajas de cartón tan pequeñas. Pero estas cajas constituyen el mejor sistema de llevarlo a casa sano y salvo. Las ranuras permiten la ventilación de su interior y la estrechez de la caja impide que el pájaro empiece a aletear y acabe lastimándose. Las paredes de la caja le impiden ver el exterior y asustarse, por lo que permanece relativamente tranquilo. De todos modos, llévelo a casa lo antes posible. En invierno puede colocarse la cajita de cartón bajo el abrigo y con las ranuras de ventilación hacia arriba. Así le evitará un shock térmico que podría acabar en enfriamiento. Si el viaje va a ser algo más largo puede colocar la caja en una bolsa de lona. No la ponga nunca en una bolsa de plástico, pues el pájaro podría llegar a ahogarse.

Los primeros días
Al llegar a casa ponga al pájaro inmediatamente en su jaula, que ya deberá estar totalmente equipada y lista para acogerlo. A veces puede tardar un poco en decidirse a salir de la cajita. Déjelo tranquilo para que investigue su nuevo hogar con calma y manténgase un poco apartado. El comedero y el bebedero deberán estar lo suficientemente llenos como para que el primer día no tenga que manipular nada en el interior de la jaula. Después del estrés del transporte, el pobre pájaro necesita un poco de paz. Los canarios se guían exclusivamente por sus instintos. Si usted se sitúa delante de él y da

> Este canario no tiene un color muy intenso y en él se aprecia la decoloración de las puntas de las plumas.

dos pasos hacia atrás le estará diciendo: «Soy inofensivo». Si sigue aleteando desesperadamente de un lado a otro, retroceda otros dos pasos. Así el canario no tardará en relajarse y perderá el miedo. Muchos canarios se muestran confiados desde el primer momento, encuentran rápidamente el agua y la comida y exploran a fondo su nueva casa.

Receta para una larga amistad

Usted no tardará en darse cuenta de que su nueva mascota tiene personalidad propia. Dado que estas pequeñas aves no tienen más defensa que la huida, se asustan fácilmente ante cualquier movimiento brusco, de los ruidos extraños y de los objetos que no conocen.

➤ Evite movimientos bruscos y ruidos innecesarios en las proximidades de la jaula; el canario todavía tiene que acostumbrarse a usted.

➤ La primera vez que retire la bandeja de la arena hágalo «a cámara lenta», más adelante hágalo también sin prisas.

➤ Casi todos los canarios están familiarizados con el ruido del aspirador, pues los criadores suelen emplearlo durante la época de la muda.

Presentación

Dé tiempo a su nuevo inquilino para que se acostumbre a usted. Háblele mucho y con un tono de voz suave, así pronto se sentirá tranquilo y seguro en su presencia

Aproximación sabrosa

Si se muestra un poco retraído, muéstrele alguna golosina y no tardará en olvidarse del miedo. Si le habla en tono tranquilizador y no efectúa movimientos bruscos, pronto se ganará su confianza.

Cuestión de confianza

La primera fase estará superada cuando el canario también busque su compañía estando fuera de la jaula. El amor se conquista por el estómago, por lo que al principio solamente deberá ofrecerle golosinas cuando lo deje volar libremente por la habitación.

Amistad

Ahora ya no hace falta emplear ningún cebo: sus dulces palabras ya darán a entender al canario que de usted solamente puede esperar cosas buenas. Cuando vuele por la habitación le gustará aterrizar sobre su dedo y oírle hablar con él.

Por lo tanto, puede limpiar tranquilamente el entorno de la jaula, pero despacio y sin brusquedad.

➤ Por la noche, si las luces de la habitación van a estar encendidas hasta muy tarde, es conveniente que cubra la jaula con un trozo de tela oscura y que deje pasar el aire. Así sus canarios podrán dormir tranquilamente.

> *Cuando el canario se siente seguro se entretiene en la limpieza de sus plumas.*

➤ Establezca unas horas fijas para darles de comer y para limpiar la jaula. A los canarios les gusta mucho la rutina,

pronto se aprenderán el horario y esperarán impacientemente la hora de la comida.

➤ Si de vez en cuando les ofrece alguna golosina logrará que le quieran más y que se sientan felices en su presencia (ver pág. 23).

Diferencias de carácter

No hay dos canarios iguales, y cada uno reaccionará de forma distinta ante usted o ante su entorno. Estas diferencias de carácter son muy fáciles de apreciar si se tienen dos canarios. Uno siempre será el más espabilado, el que antes se animará a probar un alimento nuevo y el que recuperará inmediatamente su calma después de un susto.

Normalmente son estos ejemplares intrépidos y sociables los que antes hacen amistad con su dueño y se atreven a subirse a uno de sus dedos. El otro quizá sea más tímido y mimoso y cuando suceda algo nuevo se pasará un buen rato retraído en una de las perchas superiores de la jaula. No se lanza tan decididamente hacia las golosinas y espera a ver qué tal le va a su compañero. Y también existen machos algo más pendencieros de la cuenta, que siempre lo encuentran todo mal y no paran de molestar a los demás. Si observa detenidamente a sus canarios se dará cuenta que en su comportamiento siempre se descubre algo nuevo.

SUGERENCIA

Para establecer una relación de confianza

➤ No se cubra la cabeza con nada extraño (sombrero, gorra, etc.) cuando esté cerca de la jaula de los pájaros. Los asustaría mucho.

➤ Cuando se aproxime a la jaula hábleles en tono tranquilizador, las aproximaciones silenciosas les dan miedo.

➤ El mejor lugar para colocar la jaula es un sitio a la altura del pecho y que reciba luz solar. Si la jaula está demasiado cerca del suelo el canario le considerará a usted como una amenaza y será muy difícil que llegue a sentir confianza.

➤ Si acostumbra a traerle alguna pequeña golosina, el canario siempre le estará esperando con curiosidad por ver qué le trae.

> *Discusión a la hora de comer: En los canarios, las disputas e intimidaciones para hacerse con el mejor bocado están en la orden del día. Cuando uno ya está saciado o se considera en inferioridad de condiciones, cede el puesto a los demás.*

Canarios y otros animales domésticos

Así como los loros y los guacamayos están bastante bien armados como para defenderse de un eventual ataque, el canario siempre lleva las de perder. Asegúrese de que nunca corra ningún peligro.

➤ A algunos perros los pájaros no les interesan en absoluto, pero otros disfrutan dándoles caza. Es mejor que el perro no esté en la habitación cuando deje a los pájaros sueltos.

➤ Es muy raro que un gato deje pasar la oportunidad de cazar a un canario. Ni siquiera la jaula cerrada es suficiente protección ante un minino, y no digamos ya lo que puede suceder cuando los canarios vuelan libres por la habitación. ¡Gato fuera!

➤ Las ratas, los hámsters y los hurones pueden ser muy peligrosos para los canarios. No hay que dejar que se acerquen a la jaula y hay que sacarlos de la habitación cuando los canarios vuelen en libertad.

➤ Los canarios y los periquitos son demasiado diferentes como para poder llegar a ser buenos amigos. Los loros y los inseparables incluso pueden ser peligrosos para ellos, por lo que no es recomendable instalarlos en una misma pajarera.

➤ Los canarios pueden vivir en paz y sin problemas junto con pinzones y otros serínidos. Pero tenga esto en cuenta: cuanto más lejano sea su parentesco, más fácil será que se lleven bien.

De lo que son capaces los canarios

Los canarios reaccionan en cuestión de fracciones de segundo ante los sonidos y las imágenes que perciben de su entorno. Se desplazan a gran velocidad cuando van en busca de alimento y vuelan por la habitación con mucha habilidad. Son unos animales muy vitales y usted disfrutará mucho observándolos.

> *Los canarios se desperezan bostezando.*

Grandes tenores

La capacidad de cantar de esta pequeña ave es realmente sorprendente. Pero ¿qué es lo que lo hace tan espectacular?
Comparado con el del canario, el canto de nuestros pinzones autóctonos resulta muy monótono porque siempre repiten la misma estrofa.
Pero el canario varía constantemente y en cada canción incorpora una nueva melodía. Este pequeño Caruso aprende constantemente y se inspira en lo que oye de las aves que viven en libertad. Dele la oportunidad de oír a los pájaros que revolotean por el jardín y no dejará de sorprenderle con un programa musical en constante renovación. De los tonos graves y densos pasa rápidamente a los agudos y a la percusión con sonidos más cristalinos. Al oírlo a veces nos parece estar escuchando el murmullo de una cascada, y casi todas sus estrofas finalizan con una llamada a base de silbidos.
Esta sorprendente capacidad canora fascina al hombre

¿Se sienten realmente bien mis pájaros?

✔ Los canarios sanos se muestran especialmente activos a primeras horas de la mañana. En primavera, los machos cantan durante muchas horas al día.

✔ Les encanta investigar y picotear las ramitas tiernas y con brotes de árboles frutales o coníferas.

✔ Los canarios observan con curiosidad cualquier cambio que se produzca en su entorno. Si coloca algún elemento nuevo en la habitación, al principio se asustan pero luego no tardan en acercarse para investigarlo a fondo.

✔ Si el canario parece triste y no canta puede ser que tenga poca luz natural, pero lo más habitual es que esté enfermo.

✔ Al canario hay que darle la oportunidad de que se bañe a diario en su caseta de baño. Después del baño se limpia y alisa las plumas cuidadosamente. Su plumaje está muy pegado al cuerpo y brilla con frescor.

✔ Si el canario está sano dormirá en la percha más alta apoyándose sobre una sola pata y escondiendo la cabeza entre las plumas.

✔ Cuando vuelan libremente recorren todo el espacio que les ofrecemos. El ejercicio les estimula el metabolismo y los mantiene siempre sanos.

> 1 Gimnasia acrobática

A los canarios no les importa estar boca abajo si de lo que se trata es de alcanzar una golosina. A pesar de que no son los mejores acróbatas del mundo de las aves, son capaces de conservar el equilibrio en ramas muy delgadas con gran facilidad. Los alimentos frescos son una excelente golosina para estos pequeños pájaros y los animan a realizar cualquier acrobacia aérea con tal de llegar hasta ellos.

> 2 Acróbatas del aire

El cuerpo del canario es una obra maestra de la evolución: el interior de sus huesos está ocupado por unos sacos aéreos que les ayudan a ahorrar energía al volar y la aerodinámica de sus alas les permite aprovechar perfectamente las corrientes y dejarse llevar por el aire. Durante la muda anual renuevan totalmente su plumaje, por lo que éste siempre es plenamente funcional.

desde hace más de 500 años y ha sido estimulada en varios sentidos mediante la reproducción selectiva. Para las viviendas pequeñas son mejores los canarios Harz Roller de canto suave y melódico. En las grandes pajareras al aire libre pueden mantenerse el Timbrado Español, el Wasserschläger Belga o diversas razas de color (ver pág. 11). Para un piso pequeño serían demasiado estridentes, por lo que deberá tenerlo en cuenta a la hora de su adquisición y evitar tener que tomar medidas drásticas.

El lenguaje de los canarios

Además del canto, el cortejo y la marcación de su territorio, los canarios emplean también otras formas de comunicación. Si se mantienen varios ejemplares juntos se observan diariamente enfrentamientos e intimidaciones con un tono algo agresivo. Los individuos jóvenes también se pelean con frecuencia, pero nunca lo hacen en serio. Con el grito de llamada, los canarios intentan establecer contacto con otros de su especie. Pero también lo

emplearán con usted. Puede incluir muchos tonos distintos en una gran variedad de longitudes e intensidades. Durante la época de la reproducción el macho y la hembra intercambian una serie de sonidos que sirven para reforzar su unión de pareja. ¡Los que hablan se entienden mucho mejor! En el nido oirá usted frecuentemente una llamada de alarma que hará que los polluelos se hundan en él quedándose totalmente inmóviles. Durante el tiempo en que los polluelos son alimentados por los pa-

dres también los oirá gritar y piar pidiendo comida, y con el paso de los días cada vez lo harán con más fuerza.

Cantores con grandes aptitudes

Estas hermosas aves son capaces de hacer muchas más cosas que cantar, volar y lucir un maravilloso aspecto.

Vista: Los canarios se orientan por la vista. Sus ojos en posición lateral les proporcio-

> *El pico no sirve solamente para abrir semillas, sino también para limpiar las plumas.*

nan un campo visual enorme que les permite detectar rápidamente la presencia de un posible enemigo. Su percepción de los colores está muy desarrollada, lo cual les es de

gran utilidad para buscar su alimento. Durante la crianza, el color rojo de la garganta de los polluelos estimula el reflejo de los padres para darles de comer. Su canario no tardará mucho en ser capaz de distinguirle a usted de las demás personas.

Oído: Las aves tienen el sentido del oído muy desarrollado. Sus orejas están ocultas por el plumaje. Los canarios se comunican de un modo muy particular para el que es necesario contar con un oído extraordinariamente fino (ver pág. 27). Distinguen a sus rivales por el canto, y también lo emplean para delimitar sus territorios. Los tonos cariñosos de la hembra hacen que el macho le dé de comer con todo su amor.

Gusto: Los canarios eligen sus alimentos basándose primero

en el color y la consistencia. Si el potencial almuerzo tiene buen aspecto y supera la prueba del pico, con la que lo analiza por todas partes, entonces interviene el gusto. A pesar de que el sabor del alimento juega un papel de tercer orden, algunos canarios llegan a convertirse en verdaderos gourmets. Los frutos dulces y las semillas ricas en materia grasa son unos de sus alimentos favoritos. También se sienten muy atraídos por los alimentos verdes, pero saben diferenciarlos perfectamente. Algunas plantas, como por ejemplo el diente de león, parecen gustarles mucho más que otras más amargas. Por lo tanto, usted deberá vigilar que su canario se alimente de forma equilibrada y que no se limite a picotear las golosinas que le ofrece (ver pág. 38).

SUGERENCIA

Un valiente cubierto de plumas

➤ Los canarios domesticados no tienen miedo de la mano de su cuidador. A veces atacan a los dedos como si se tratase de un intruso. No duele, pero es como si nos dijeran: «¡Sal de mi territorio!».

➤ Para el canario nosotros no somos ningún sustituto de su pareja. Si viene a nosotros es porque es adulto y sabe perfectamente quiénes son sus congéneres.

➤ Los machos defienden sus territorios a toda costa. Mantener a dos machos en una misma jaula puede tener consecuencias muy desagradables.

Ornitología

Los antepasados de nuestros canarios domésticos son los canarios silvestres de las Islas Canarias. Los canarios y especies similares pertenecen a la familia de los fringílidos, que comprende varias subfamilias y géneros. El nombre científico del canario es *Serinus canarius*.

La anatomía del canario

➤ A lo largo de su evolución, el canario ha obtenido el característico pico cónico de las aves granívoras que con tanta facilidad le permite abrir la cáscara de las semillas de las que se alimenta.

➤ El cuerpo del canario silvestre mide de 14 a 15 cm de longitud, por lo que es considerablemente más pequeño que las variedades criadas en cautividad. Especialmente los canarios de postura superan esta longitud en varios centímetros.

➤ Los canarios se desplazan por el suelo dando saltitos. Sus pies tienen cuatro dedos, tres orientados hacia delante y uno hacia atrás. El canario no está hecho para trepar, pero se defiende bastante bien entre las ramas de la espesura. Muchas veces se aguanta a la percha con una pata y emplea la otra para sujetar su alimento.

En un lugar como éste, con todo tipo de juguetes y golosinas, la diversión está asegurada.

➤ El canario puede influir en su temperatura corporal a base de levantar o alisar su plumaje. Cuando el plumaje esta liso actúa como aislante y la capa de aire retenida por las plumas evita la pérdida de calor.

➤ El esqueleto del canario es ligero pero resistente. Muchos huesos son huecos y su interior lo ocupan unos sacos aéreos conectados a los pulmones. Este ahorro de peso le permite aprovechar mucho mejor la energía para volar.

Aprenda a interpretar
su comportamiento

¿Entiende el idioma de los canarios? Aquí aprenderá a interpretar su comportamiento, comprenderá lo que su canario quiere decirle [?] y sabrá cómo reaccionar en cada caso [→].

> El canario repasa sus plumas con el pico de una en una.
>
> [?] El pájaro invierte mucho tiempo en cuidar su plumaje.
> [→] Observe a su canario: Si no cuida a fondo sus plumas es posible que esté enfermo.

> Dos canarios se enfrentan con el cuerpo erguido y el pico muy abierto.
>
> [?] Se disputan la comida. Cada uno quiere aparentar ser mayor que el otro.
> [→] Solamente será necesario separarlos si se pelean constantemente y siempre están persiguiéndose por la jaula.

El macho da de comer a la hembra en el nido piando suavemente.

? El macho le proporciona a su compañera un alimento predigerido y fácilmente asimilable.

➜ La joven familia necesita una buena alimentación y mucha tranquilidad.

El ejemplar amarillo ataca al otro desde lo alto e intenta apartarlo de la comida.

? Disputa intrascendente por el alimento. Al cabo de unos segundos es posible que se intercambien los papeles.

➜ Cuando se mantienen varios canarios juntos es frecuente que se produzcan estos enfrentamientos por la comida.

El canario permanece en la percha con el plumaje ahuecado.

? Los pájaros ahuecan su plumaje cuando duermen, después de bañarse y cuando se encuentran mal.

➜ Manténgalo en observación. Si conserva el plumaje ahuecado puede ser un síntoma de enfermedad.

El canario salta en el agua hasta quedar totalmente empapado.

? Los pájaros sanos se bañan a menudo para limpiarse el plumaje.

➜ Póngales agua limpia durante un par de horas por la mañana y por la tarde para que se bañen a sus anchas.

31

La reproducción

Observar la vida familiar de los canarios es una experiencia apasionante. Al contrario que los periquitos, estas aves no se reproducen en el oscuro interior de una cueva, sino que construyen un nido abierto del modo habitual en los pinzones. Por lo tanto, usted podrá observar todo el proceso desde el primer momento. Verá cómo la hembra empolla cuidadosamente su puesta y cómo los padres dan de comer a sus polluelos.

Relación de pareja y construcción del nido

El instinto reproductor de los canarios está regido por hormonas y se activa a partir del mes de marzo.

En busca de pareja: La hembra vuela de un lado a otro llevando en el pico una pluma o una brizna vegetal. El macho intentará atraerla con su canto. Ahora ambos deberán recibir una alimentación especial (ver pág. 41).

Elección de la pareja: Si su pequeño cantor va a tener novia en primavera es necesario hacer que ambos pájaros se acostumbren progresivamente el uno al otro (ver sugerencias de la página 8) para evitar que se peleen. Si el macho alimenta a la hembra es señal de que la pareja se lleva bien y no tardarán en aparearse.

Construcción del nido: Cuelgue en la jaula varios cestos de nidificación de distintos materiales; en las tiendas de animales encontrará una gran variedad. A base de heno, la hembra construirá en pocas horas un nido muy confortable. Para acolchar su interior necesitará fibras de algodón de 2-3 cm (las venden en las tiendas de animales). Una vez acabado el nido, la hembra pone en su interior de cuatro a seis huevos de color azul claro.

Incubación: cosa de mujeres

Ahora la hembra incubará su puesta durante 13 días y el macho se encargará de alimentarla sin que tenga que abandonar el nido. La futura madre solamente se separa de los huevos durante unos po-

SUGERENCIA

A propósito de la reproducción

Preparación

➤ En la época de la reproducción deles a sus canarios mucho alimento verde, fruta y complementos de minerales y vitaminas.

Cuidado corporal

➤ Si deja que los padres se bañen a diario, transmitirán a los huevos la humedad que necesitan.

Tranquilidad

➤ La hembra necesita mucha tranquilidad y no hay que molestarla mientras esté incubando o durante el cuidado de los polluelos.

El rol femenino: en los canarios, la construcción del nido corre a cargo de la hembra.

1 Trabajo en equipo

Típica repartición del trabajo: mientras la hembra se ocupa de incubar los huevos, el macho se encarga de ir en busca de alimento y da de comer a su compañera sin que ésta tenga que salir del nido.

2 Predigestión

Durante los primeros días el macho solamente alimenta a la hembra y ésta les pasa la papilla alimenticia predigerida a los polluelos.

3 Escandalosos

A partir del quinto día el macho empieza a dar de comer a los polluelos directamente. Alborotar es de gran ayuda. El que grita con más fuerza es el que recibe más alimento.

cos minutos al día. La joven familia necesita mucha tranquilidad durante todo el periodo de incubación, y muy especialmente en el día del nacimiento de los polluelos.

El desarrollo de los polluelos

Una mañana descubrirá las cáscaras vacías de los huevos en el suelo de la jaula: ¡han nacido unos diminutos polluelos de canario de apenas 2 cm! Al principio solamente serán alimentados por la madre y luego se encargarán ambos padres de ello. Es importante añadir en su comedero dos cucharaditas diarias de alimento para cría (ver pág. 41).
A las 3 semanas: Los polluelos saltan por la jaula. Los padres los alimentarán durante dos

semanas más, generalmente será el macho ello, porque la hembra ya estará incubando la siguiente puesta en el nido.
A las 5 semanas: Ahora ya podemos separar a los juveniles de sus padres. Para acostumbrarlos a la alimentación granívora les daremos alimento de crecimiento mezclado a partes iguales con grano triturado y a razón de dos cucharaditas diarias por pájaro. El grano puede triturarlo a diario en un mortero de cocina. Póngales también un segundo comedero con grano entero y mucho alimento fresco.
A las 10-15 semanas: Disminuya progresivamente la proporción de grano triturado. Deles alimento de crecimiento durante todo el verano, pero solamente la cantidad que sean

capaces de consumir hasta mediodía. Pronto experimentarán la primera muda (ver pág. 47).

Planificación familiar

Si usted no desea quedarse a toda la prole es posible que se los acepten en su tienda de animales o que consiga colocarlos poniendo anuncios en la prensa local. Si no quiere obtener más descendencia, retire los huevos del nido y sustitúyalos por huevos de plástico (de venta en los comercios especializados). La hembra no sufre si sus huevos no llegan a eclosionar si no puede incubarlos. En este caso no pararía de desovar hasta quedar totalmente exhausta. La época de cría finaliza en julio ambos progenitores empiezan a mudar y vuelve la calma.

Cuestiones acerca de la aclimatación y el comportamiento

Nuestro canario no quiere entrar en la caseta de baño. ¿Qué podemos hacer?
Es probable que su pájaro no sepa lo que es. Cuando lo deje volar suelto, ponga en un rincón una bandeja con agua y atráigalo hasta ella con algo de alimento fresco. Así es como le costará menos perder el miedo. A algunos canarios no les gusta nada que la caseta de baño tenga el fondo transparente. Si es éste el caso, pegue un trozo de cartón oscuro bajo la caseta de baño y el canario ya tendrá un suelo bajo sus pies.

He adoptado una pareja de canarios en un refugio para animales abandonados y parece que ambos pájaros tienen unos seis años de edad. ¿Están todavía en condiciones de reproducirse?
Los canarios machos conservan su actividad sexual hasta en edades muy avanzadas, pero las hembras, a partir del cuarto año solamente ponen huevos esporádicamente. De todos modos, su hembra todavía puede llegar a criar porque el macho seguirá cortejándola a pesar de su escasa capacidad reproductiva. Si no desea obtener polluelos puede sustituirle los huevos por otros de plástico (ver pág. 33).

Mi canario rojo «Franco» siempre viene a la mesa cuando estoy desayunando y me quita un copo de avena del muesli que yo como por las mañanas. Luego vuela llevándose su botín hasta la parte superior de la nevera y allí se lo come en paz. ¿Es un comportamiento normal? ¿Pueden sentarle mal los copos de avena?
A los canarios les encanta llevarse sus golosinas a lugares situados en alto. Allí pueden comérselas sin que nadie los moleste. En las paredes de mi pajarera he colgado rodajas de tronco de abedul de unos diez centímetros de diámetro. Cada pájaro tiene su lugar favorito para disfrutar en paz de sus golosinas. Los copos de avena del muesli no son perjudiciales para los canarios si no están azucarados, pero tampoco han de consumirlos en exceso porque engordan.

Nuestros canarios han tenido cuatro polluelos,

En invierno, la lechuga silvestre y las naranjas son dos importantes fuentes de vitaminas para los canarios.

pero tres de ellos se han muerto. Y ya es la segunda vez que nos pasa. ¿Qué es lo que falla?

Muchas hembras no son capaces de esperar a empezar la incubación cuando ya hayan puesto todos los huevos. Empiezan a incubar desde que ponen el primer huevo y luego los polluelos nacen en días sucesivos. Generalmente alimentan más al polluelo más robusto y que chilla con más fuerza, por lo que los demás quedan de lado y acaban muriendo. A la mañana siguiente de haber puesto el primer huevo, quíteselo del nido con una cucharita y colóquelo en una cajita acolchada. Cada huevo deberá ser sustituido por uno artificial. Una vez al día, gírelos según su eje longitudinal. Cuando ya haya puesto el cuarto huevo, vuelva a darle el cambiazo para que incube los auténticos. Así todos eclosionarán a la vez y todos los polluelos tendrán las mismas oportunidades de sobrevivir.

Nuestra hembra recoge restos de lana por toda la habitación para emplearlos en la construcción del nido. ¿Es un buen material para esto?

¡No! Los materiales para la construcción del nido deberán estar cortados a trocitos cortos. Los restos de lana y los hilos largos y finos pueden enredarse. La hembra podría quedarse enganchada en el nido por sus uñas y hacerlo caer al intentar liberarse. En las tiendas de animales venden fibras de algodón especiales para la construcción de nidos (ver pág. 32). Si en el envase hay fibras demasiado largas deberá cortarlas a trozos de dos a tres centímetros.

Mis dos niños quieren que les regale una mascota. ¿A partir de qué edad pueden hacerse responsables del cuidado de un canario?

Esto dependerá de las aptitudes de sus hijos, pero lo normal es que los niños de ocho a diez años ya sean capaces de cuidar correctamente a un canario. Pero tenga en cuenta que el verdadero responsable del animal es usted, y que tendrá que seguir cuidándolo cuando decaiga el interés de los niños por él. Los canarios no son animales a los que podamos acariciar y achuchar, pero nos permiten efectuar observaciones muy interesantes (ver pág. 26) y los niños pueden divertirse construyendo juguetes para su jaula (ver pág. 53).

Lutz Bartuschek

MIS CONSEJOS PERSONALES

Para lograr su confianza

➤ Antes de que el canario llegue a su jaula definitiva cuelgue en su interior una sabrosa hoja de diente de león como regalo de bienvenida.

➤ Hable a diario con su canario. Sitúese aproximadamente a un metro de la jaula y disminuya un poco esta distancia cada día. Así aprenderá a confiar en usted.

➤ No ponga la jaula cerca de otros animales domésticos. El canario sufriría un permanente estado de estrés porque se sentiría constantemente amenazado.

➤ Tenga siempre en cuenta que el canario es un animal que basa su defensa en la huida. Evite todo lo que pueda asustarlo.

➤ ¿A usted le gusta el fútbol? Aunque no le guste, ponga de vez en cuando la televisión cuando estén retransmitiendo un partido. Al canario le encantará ese sonido de fondo y probablemente empezará a cantar y a silbar él también.

Sano y en forma

Sabroso y saludable

El pequeño cuerpo del canario suele funcionar muy revolucionado –volar es un ejercicio tremendo–. El metabolismo de este pajarillo es muy activo, lo que hace que su consumo de energía sea muy rápido. Por lo tanto, no debemos extrañarnos de que una alimentación deficiente no tarde en

> *Las flores del avellano son el primer alimento fresco de la primavera.*

manifestarse en forma de falta de energía. Para que su canario se mantenga siempre sano y en forma es necesario que le proporcione una alimentación equilibrada.

Alimentación variada

En la naturaleza, la alimentación de las aves varía en función de las estaciones del año. Por lo tanto, no les dé grano un día sí y otro también durante toda la vida. Una alimentación exclusivamente a base de grano acaba produciendo estados carenciales de determinados nutrientes. A los canarios les encanta la variedad y se interesan siempre por todo lo nuevo. Al suyo también le encantará que lo sorprenda de vez en cuando con nuevos manjares, y se lo agradecerá con un brillante plumaje, un comportamiento feliz y un canto maravilloso.

El grano es la base de su alimentación: En las tiendas de animales venden mezclas de grano listas para usar. El grano fresco es brillante y huele bien. Si el grano está apelmazado y está lleno de polvo es que es de mala calidad. Los elementos principales de la mezcla son los granos de alpiste y los de colza. La calidad de la colza es fundamental para la salud del canario. La colza de buena calidad tiene el grano de color rojo oscuro y es de sabor dulce. Si es amargo, los pájaros lo tirarán fuera del comedero. Otros componentes de la mezcla son las semillas de lino, hojas de lechuga, avena descascarillada, centeno, amapola, mijo y un poco de cañamones.

La cantidad adecuada: Los

SUGERENCIA

Principales reglas para su alimentación:

➤ Es importante que sea equilibrada. Acostumbre al canario a comer de todo desde joven.

➤ Procure darles de comer siempre a la misma hora.

➤ Los alimentos han de ser limpios y frescos.

➤ No les dé nunca fruta recién salida de la nevera, les podría ocasionar trastornos digestivos.

➤ Cuando los deje volar sueltos, asegúrese de que no puedan picotear alimentos con azúcar o especias, pues podrían causarles obesidad o dañarles el hígado.

> *A los canarios les gusta mantener una cierta distancia y no siempre están dispuestos a compartir. A la hora de comer quieren estar tranquilos y no soportan que nadie les moleste.*

canarios pueden llegar a ser muy caprichosos, pero no hemos de dejar que lo sean con el grano. Si el canario cada día sólo come los granos que más le apetezcan, lo más probable es que consuma demasiados cañamones. Acabará volviéndose gordo y perezoso. Determine usted mismo la cantidad correcta de alimento: en el comedero siempre deberán quedar algunos granos de colza y alpiste. No le obligue a comérselo todo. En la mezcla siempre hay algunos granos duros que al canario no le son de ningún provecho. A la hora de comer deberá tener apetito, pero no tendrá que estar rabiosamente hambriento.

Los canarios son individualistas: La cantidad de alimento necesario puede variar de un pájaro a otro. Algunos necesitan más aporte energético para mantenerse activos, y otros se conforman con menos. Como término medio puede contar con dos cucharaditas diarias para cada pájaro.

Alimentación invernal: Si en invierno los mantiene en un lugar frío –si han pasado el verano y el otoño en el exterior soportan perfectamente temperaturas de hasta 5 °C bajo cero– su alimentación deberá contener más avena sin cáscara y más cañamones. Ambos tipos de semillas podemos adquirirlos, envasados o a granel, en muchas tiendas de animales. Si las temperaturas bajan de los 0 °C, podemos aumentar la proporción de cañamones hasta que éstos constituyan el 20 % de la mezcla. En este caso, coloque un segundo comedero solamente con avena sin cáscara.

Alimentos frescos

Las vitaminas y los nutrientes de los alimentos frescos y jugosos son la clave para la salud de nuestros pájaros. ¡Acompá-

> Los alimentos frescos son una de las principales necesidades de los canarios.

ñeme a dar un pequeño paseo por el mundo de la botánica! En el jardín, e incluso en el balcón, descubriremos muchas cosas apetitosas para sus canarios.

Empecemos por las cosas crujientes: A partir de finales de invierno ya puede alegrar a

sus canarios ofreciéndoles ramitas tiernas y brotes (vea la sugerencia de la pág. 46). Las más adecuadas son las de avellano, arce, álamo y sauce, así como las de las coníferas. También les encanta picotear los brotes de manzano y peral, pero no los de los árboles de fruto con hueso (melocotonero, níspero, etc.).

Primavera. Verde por todos lados: A partir de marzo podemos ofrecerles diente de león y margaritas, y en mayo ya encontraremos bolsa de pastor, perejil y otras plantas ricas en vitaminas. Para evitar problemas digestivos es necesario que los canarios se acostumbren lentamente a cualquier tipo de alimento verde (ver pág. 45), y especialmente a las distintas variedades de coles y lechugas. Deles el alimento verde y la fruta por la mañana (ver recuadro de la pág. 41), y retire los restos por la tarde o, como mucho, por la noche. Cuidado: la fruta pasada, sucia, o mojada con el agua del baño puede producir enfermedades del tracto digestivo.

Verano y otoño: En verano puede recolectar muchas semillas maduras en las hierbas y plantas silvestres, incluyendo muchas de las que en los jardines consideramos como

«malas hierbas». En esta época también disponemos de muchas variedades de fruta (ver pág. 38). A los canarios también les gustan mucho los pepinos verdes y las zanahorias tiernas. Vaya probando hasta dar con su plato favorito.

Cuidado: ¡Veneno!

Éstas son algunas de las plantas venenosas para los canarios: narcisos, jacintos, campanillas, villorita, tejo, acebo, euforbias, euforbias suculentas, acónito, algunos cactus, bayas de esparraguera, dedalera, espuela de caballero, aligustre, partes verdes del tomate y la patata.

Arena y calcio

En la jaula nunca deberán faltar los minerales y el canario tendrá que poder acceder a ellos siempre que lo desee. De la arena para pájaros (de venta en tiendas de animales) obtiene pequeñas piedrecitas que le ayudan a efectuar la digestión. Las conchas trituradas, la tierra de bosque y las piedras calcáreas son otras importantes fuentes de minerales y oligoelementos.

Concentrado de proteínas para los polluelos

Durante la época de cría, la

> Los alimentos frescos nuevos hay que dárselos en pequeñas cantidades y muy troceados. Más adelante podremos aumentar progresivamente las raciones.

hembra necesita más proteínas de origen animal que durante el resto del año. Proporciónele un buen alimento de cría de una marca reconocida. Éste contiene todos los nutrientes necesarios en las proporciones adecuadas y además está enriquecido con vitaminas. El alimento de cría lo podemos mezclar con un poco de agua para conseguir una pasta húmeda. Así es como más les gusta comerlo y como mejor se lo pueden pasar a los polluelos (ver pág. 33).

Agua fresca a diario

Los canarios silvestres viven en zonas con mucha agua y beben mucho. Estos pájaros no están capacitados para soportar largos periodos de sequía, y morirían por deshidratación. Por lo tanto, a nuestros canarios les llenaremos diariamente tanto el bebedero como el baño con agua limpia (también beben de su bañera). Si no cambiamos el agua a diario existe el peligro de que proliferen las algas y las bacterias, con lo que el pájaro podría llegar a enfermar (ver pág. 45).

RECUERDE

Más ilusión a la hora de comer

«Fit for fun»

✔ Cuelgue las hojas de plantas silvestres (diente de león, por ejemplo) en el interior de la jaula de forma que los canarios tengan que esforzarse un poco para conseguirla. Esto los mantendrá ocupados y en forma.

Listo para comer

✔ Antes de darles la fruta, lávela bien con agua tibia, séquela y córtela a trocitos pequeños.

Hay que trabajar un poco

✔ Arrancar es divertido. Deles las plantas verdes siempre con el tallo entero, los trozos cortados son un poco aburridos.

Principios básicos del cuidado del canario

Los canarios son unos seres muy pulcros. Cada día se limpian y alisan su plumaje y, si les damos la oportunidad, se bañan varias veces al día en su bañera. Si queremos que vivan muchos años es imprescindible que mantengamos su jaula muy limpia. De usted depende que su alegre canario le haga compañía durante muchos años. Cuesta muy poco esfuerzo y se integra fácilmente en la rutina de la vida cotidiana.

Limpio de pies a cabeza

El canario cuida él mismo de su propia higiene. Al contrario de lo que sucede en algunos pinzones y otras aves, los canarios no se limpian unos a otros, cada uno es el único responsable de su propia limpieza.

Pico: Es muy raro que el pico crezca más de la cuenta (ver foto de la página 44), pero si esto llegase a suceder deberá acudir lo antes posible al veterinario para que se lo recorte porque es una herramienta muy delicada.

Uñas: Si las uñas crecen demasiado lo más probable es que se estén empleando unas perchas inadecuadas (ver pág. 16). El veterinario le enseñará a cortárselas correctamente y luego usted mismo podrá hacerlo con unas tijeritas o un cortaúñas.

Patas: Para evitar posibles infecciones en las patas, es necesario que las perchas estén limpias y sean de diferente

1 Un pájaro muy aseado

Después de las comidas y del baño hay que cuidar a fondo todo el plumaje. El canario repasa cada pluma con su pico.

2 La alegría del baño

Remojones y limpieza: El canario emplea el baño diario para desprenderse de la suciedad y del polvillo de su plumaje.

3 Cuidado del pico

El canario se limpia el pico frotándolo contra la percha. Importante: si las perchas no están muy limpias pueden provocar infecciones de los ojos.

grosor, que el suelo esté seco y que el agua esté siempre muy limpia.

Plumaje: El baño diario elimina la suciedad de las plumas, pero el canario las repasa personalmente una a una hasta dejarlas impecables.

Limpieza de la jaula

Las aves no aprovechan muy bien los alimentos que consumen. Una buena parte es expulsada sin haber sido digerida. Por lo tanto, nuestros canarios comen mucho y defecan con frecuencia, y esto nos obliga a limpiar la jaula (ver recuadro de la derecha).

➤ Renueve las perchas con la máxima asiduidad posible. Lavarlas no sirve de nada, pues la suciedad y las bacterias penetran en la corteza.

➤ La jaula del canario hay que limpiarla a fondo por lo menos dos veces a la semana. Vacíe la bandeja, lávela con agua hirviendo, séquela bien y llénela con arena para pájaros nueva. La suciedad de los barrotes se elimina con papel de cocina y agua caliente. No emplee jabones ni detergentes. Sus restos podrían causar intoxicaciones o enfermedades graves a los canarios.

➤ Las jaulas de interior hay que rociarlas una vez al mes

Listo para el despegue: una limpieza a fondo hace que el plumaje siempre se conserve perfectamente funcional.

con agua hirviendo. Las jaulas grandes y las pajareras, según lo sucias que estén, hay que limpiarlas cada dos o tres meses con mucha agua hirviendo y un cepillo.

➤ Los comederos y bebederos se limpian con agua hirviendo, pero sin detergentes. Los bebederos con reserva se limpian con un cepillo especial.

➤ Por la noche no tienen que quedar en la jaula restos de fruta ni de alimentos frescos. Los canarios empiezan a buscar su alimento al amanecer, y la fruta en mal estado es una de las principales causas de trastornos intestinales.

RECUERDE

Calendario de limpieza de la jaula

A diario
✔ Limpiar comederos, bebederos y bañera, eliminar los restos de alimentos frescos.

Dos veces a la semana
✔ Lavar la bandeja, cambiar la arena, limpiar los barrotes de la jaula.

Una vez a la semana
✔ Cambiar las perchas naturales por otras nuevas.

Una vez al mes
✔ Lavar toda la jaula con agua hirviendo y limpiarla a fondo con un cepillo.

Una vez cada tres meses
✔ Limpiar la pajarera con agua hirviendo y frotarla a fondo con un cepillo.

43

Para que su pájaro se mantenga siempre sano

Los canarios son fuertes y sanos por naturaleza, pero sus procesos metabólicos se desarrollan a gran velocidad. Por esto, el tratamiento de las enfermedades es principalmente una cuestión de tiempo. Muchas veces, cuando nos damos cuenta, la enfermedad está en una fase tan avanzada que el veterinario apenas puede hacer algo por su pequeño paciente. Es muy importante

poder actuar a tiempo: si nota que su canario no se encuentra bien, actúe de inmediato. Y recuerde: es preferible prevenir que curar. Si tiene en cuenta los siguientes consejos estará velando al máximo por la salud de su pequeño amigo.

➤ Proporciónele sol y aire fresco. Esto le reforzará el sistema inmunitario. Ponga la jaula en el exterior siempre que el tiempo lo permita, pero evite tanto las corrientes de aire y los cambios bruscos de temperatura como el sol directo sin cobertura.

➤ Permita que su canario goce de amplia libertad de movimientos, tanto dentro de la jaula como volando suelto por la habitación (ver pág. 14).

➤ Si tiene un solo canario deberá ocuparse mucho de él para que no se sienta solo. Lo ideal es tener siempre una pareja (ver pág. 9).

➤ Ocúpese de que su entorno sea variado y de que disponga de cosas con las que entretenerse. También tiene que ejercitar sus pequeñas células grises (ver pág. 52).

➤ Es imprescindible que la jaula, los comederos, los bebederos y las perchas estén siempre perfectamente limpios (ver pág. 43). Elimine los restos de comida antes de que se estropeen.

➤ Los comederos y bebederos no deberán estar situados bajo las perchas, pues los húmedos excrementos de los pájaros ensuciarían su contenido.

Principales síntomas de enfermedades

Observe a sus pájaros detenidamente a diario. Si observa alguno de los siguientes síntomas deberá consultar al veterinario antes de 24 horas, a menos que desaparezcan por sí solos.

➤ Los canarios enfermos se pasan gran parte del día durmiendo, apoyados sobre ambas patas y, generalmente, con el plumaje ahuecado.

➤ El pájaro no vuela y permanece en una percha o en un rincón del suelo. Se mueve con inseguridad, puede tener las plumas de la región cloacal sucias y se muestra mucho más calmado que normalmente.

Si un canario tiene el pico más desarrollado que el de éste habrá que llevarlo al veterinario para que se lo recorte.

➤ El canario macho que antes no paraba de cantar, ahora no emite ni el más mínimo sonido.

➤ Cuando respira se oyen silbidos o crujidos. El pájaro parece estar muy estresado.

➤ Sus excrementos son líquidos o pegajosos, y mucho más frecuentes que antes.

➤ El canario no se interesa por la comida y no se anima ni siquiera con sus golosinas favoritas.

> *Hay que educar el paladar: a los canarios jóvenes conviene acostumbrarlos lo antes posible a una alimentación variada.*

Las principales enfermedades

Síntomas	Causas	Tratamientos
Plumas de la región cloacal pegadas, excrementos líquidos	**Trastornos digestivos.** Gastroenteritis, infección.	Suprimir el alimento fresco. Consultar al veterinario.
Secreción nasal, ojos medio cerrados, ahueca el plumaje.	**Infección de vías respiratorias.** Suelen estar causadas por virus, hongos o bacterias.	Radiación de calor, consultar al veterinario.
La hembra permanece en el suelo y le cuesta respirar.	**Retención de huevos.** La hembra no puede desovar y está debilitada por la presión que ejercen los huevos en su interior.	Calor húmedo, tranquilidad, consultar al veterinario.
Región ocular inflamada, secreción ocular.	**Infección ocular.** Suele estar causada por la suciedad de las perchas.	Cambiar las perchas por otras nuevas. Consultar al veterinario.
Piel de las patas escamosa. Se desprenden escamas.	**Ácaros de las patas.** Estos ácaros cavan galerías bajo la piel. No succionan sangre.	Tratamiento antiparasitario recetado por el veterinario.
El canario pierde plumas fuera de su época normal de muda en verano.	**Arranque de plumas.** Puede estar causado por una alteración hormonal debida al exceso de luz y calor en otoño y en invierno.	Corregir la iluminación y la alimentación (ver pág. 47), hacer que se mantenga muy activo.

➤ Importante: Siempre que se presente una enfermedad de causas desconocidas hay que llevar el pájaro al veterinario lo antes posible. Los remedios caseros no suelen ser de ninguna utilidad y son difíciles de dosificar.

Cómo cuidar a un canario enfermo

Cuando un canario está enfermo, lo que más necesita es calor y tranquilidad. Si tiene varios pájaros deberá disponer siempre de una jaula de cuarentena para poder separar inmediatamente a un ejemplar enfermo. Así podrá observarlo

> Un síntoma preocupante: el canario se sujeta a la percha con ambas patas y mantiene su plumaje ahuecado.

mejor y controlar sus excrementos. El canario se sentirá tranquilo y no podrá contagiar a los demás.

Si no se siente a gusto es posible que mejore con la radiación de una lámpara de infrarrojos. Enfoque con ella solamente una parte de la jaula para que el canario enfermo pueda alejarse o acercarse a la fuente de calor según le apetezca. Si observa que el estado de su pequeño paciente empeora, tendrá que llamar al veterinario para pedirle consejo, ¡Cada hora que pase puede ser decisiva!

A un canario enfermo, la captura y el transporte siempre le suponen un gran estrés. Si la jaula en la que está es transportable, cárguela en el coche y llévelo al veterinario sin sacarlo de ella. Duran-

te el transporte cúbrala con un trapo oscuro para proteger a su enfermo amigo de las corrientes de aire y evitar que se asuste. Al ir al veterinario es mejor que no limpie el suelo de la jaula, pues los excrementos del pájaro pueden ser muy importantes para establecer el diagnóstico.

Cambio de alimentación

Si al empezar a darle alimentos frescos su canario presentase ligeros trastornos digestivos, deje de darle este tipo de comida durante algunos días. Cuando se normalice la situación empiece a darle cantidades muy pequeñas y auméntelas progresivamente.

> La lechuga silvestre es un alimento muy sano, y si la colgamos podremos disfrutar de las acrobacias aéreas del canario. Pero cuidado con los cordeles, gomas o alambres en los que se pueda enganchar el pájaro.

La muda. Ningún problema

Un buen día encuentra usted un par de grandes plumas caudales en el suelo de la jaula. No se asuste. Su canario no está enfermo, está mudando. Los pájaros cambian su plumaje en verano. Las plumas viejas se caen y son sustituidas por otras nuevas. La muda es un proceso agotador. Muchos canarios se muestran cansados y no tienen ganas de volar ni de cantar. Necesitan mucha tranquilidad. No hay que cambiar la ubicación de la jaula. En las tiendas de ani-males podemos adquirir unos alimentos especiales para esta época (complementos para la muda) que pueden ser de gran utilidad. La muda es un fenómeno regulado por hormonas en función de la duración del día (fotoperiodo). Si el canario recibe siempre las mismas horas de luz pueden producirse trastornos. La mejor forma de que se mantenga siempre sano es proporcionándole luz natural. En los días cortos de otoño e invierno no deberá tener más de once horas diarias de luz (ver pág. 24).

El canario de edad avanzada

Los canarios llegan a vivir de 15 a 20 años. Muchos de ellos se mantienen alegres hasta edades muy avanzadas y no muestran síntomas evidentes de vejez, pero prefieren gozar de un poco más de calma. No le cambie más la disposición de las perchas y cuide al pájaro anciano con el mismo cariño que siempre.

Dele una alimentación equilibrada y si ya no vuela tanto como antes reduzca el porcentaje de grano rico en grasas (ver pág. 39).

Cuestiones acerca
de la alimentación y la salud

? Nuestro precioso canario macho de color rojo acaba de mudar y se ha vuelto naranja. ¿Qué le ha pasado?

Los canarios rojos necesitan nutrientes especiales con pigmentantes que favorecen la formación de los pigmentos rojos de las plumas. Durante la próxima muda añádale estos complementos en el agua o en su alimentación. Así el canario volverá a ser rojo. Siga exactamente la dosificación que se indica en el envase, porque un exceso puede serle perjudicial.

? Yo vivo en una zona urbana, pero me gustaría poder darle hierbas a mi canario. ¿Le sentarían mal las que crecen al borde de la carretera?

Las plantas que crecen junto a las carreteras y las calles pueden estar muy contaminadas por los gases de los coches y serían perjudiciales para el pájaro. Es mejor que recoja hierbas en un parque. También hay muchas otras plantas, como el perejil y el diente de león (ver pág. 40), que pueden cultivarse fácilmente en cualquier balcón o terraza. Así las tendrá a mano en cualquier momento.

? ¿A mi canario le puede perjudicar el sol que da en una ventana orientada hacia el este?

El sol de levante les va muy bien a los canarios. La luz solar estimula su metabolismo y la síntesis de la vitamina D. Ponga frecuentemente la jaula ante una ventana abierta (ver pág. 14).

? ¿Cuanto alimento verde pueden comer los canarios sin tener trastornos digestivos?

Por regla general, los canarios pueden comer todo el alimento verde que quieran. Lo importante es que se adapten progresivamente a los nuevos alimentos. Al principio dele a cada pájaro un trozo de hoja de solamente un par de centí-

Este canario disfruta troceando la lechuga silvestre a su medida.

metros y controle sus excrementos. Si todo va bien puede aumentar progresivamente las raciones (ver pág. 46).

El canario de mi hija de 10 años ya tiene 13 años. ¿Cuánto puede llegar a vivir?
Los canarios suelen vivir de 10 a 15 años, por lo que no cuente con que vaya a estar mucho tiempo más con ustedes. La rapidez de su metabolismo hace que las enfermedades sean mortales en muy poco tiempo, lo cual hace que raramente haya que sacrificarlos. Cuando el pájaro se muera no se burle de la tristeza de su hija. Consuélela. Quizá pueda enterrarlo en algún rincón del jardín. A muchos niños les sirve de consuelo hacerlo. Tranquilice a su hija todo lo que pueda, pero no le compre otro inmediatamente porque entonces podría llegar a creer que los animales pueden sustituirse con facilidad.

Mi canario macho ya no canta. Cada día le doy una ración extra de cañamones y le encantan.
¡Es probable que su canario esté sobrealimentado! Los pájaros obesos no suelen tener ganas de cantar y se vuelven bastante inactivos. Los cañamones hay que administrarlos con mesura, y en verano se puede prescindir de ellos. Táchelos de su dieta y sustitúyalos por mucho alimento fresco. Póngale en el comedero solamente el suficiente alimento como para que tenga que comerse todos los distintos granos.

¿Los canarios también pueden contraer la enfermedad de los loros?
Los canarios también pueden contraer la enfermedad de los loros (ornitosis). Antiguamente se creía que esta enfermedad era exclusiva de los loros, de ahí su nombre. Si los gorriones se posan sobre su pajarera de jardín y dejan caer sus excrementos en el interior pueden contagiar la enfermedad a los canarios. La única forma de evitarlo es poniendo un techo a todas las pajareras y jaulas que tenga al aire libre. Por suerte, en la actualidad esta enfermedad es muy rara. De todos modos, después de trabajar con los canarios siempre hay que lavarse bien las manos.

MIS CONSEJOS PERSONALES

Lutz Bartuschek

Golosinas especiales

➤ Los minerales de la tierra de bosque recién recogida son un excelente complemento para la alimentación. Si en ella aparece algún pequeño insecto los canarios lo devorarán sin problemas y no les hará ningún daño.

➤ A mis canarios les doy grandes cantidades de pamplina y nunca han tenido problemas digestivos.

➤ Durante la época de la muda deles muchas semillas frescas de tagetes de flores rojas. Esto hará que su nuevo plumaje tenga una coloración especialmente intensa.

➤ A los canarios les encantará que les dé diente de león con semillas. Corte los filamentos aéreos y parta el resto por la mitad. ¡La golosina ya está servida!

➤ Las espigas de mijo son un verdadero festín para los canarios y se les pueden dar cada 3 o 4 días.

Actividades

Volar y jugar

Los canarios son verdaderos artistas. Su principal aptitud es el canto, pero lo complementan con un amplio repertorio de acrobacias aéreas. Puede que no jueguen de una forma tan explícita como los periquitos, ¡pero de aburridos no tienen nada!

Ofrezca muchos estímulos a su canario, y él se mantendrá feliz y le divertirá mucho.

> Balancearse y columpiarse en las ramitas fortalece la musculatura.

Canarios curiosos

Los canarios siempre investigan a fondo todos los nuevos elementos de su entorno. Sin embargo, lo que les induce a hacerlo no es tanto la curiosidad como la avidez por encontrar nuevos y sabrosos alimentos.

Grandes acróbatas del aire

Los ejemplares jóvenes recién adquiridos suelen ser muy activos y siempre van en busca de nuevas aventuras. Si se les mantiene en jaulas o pajareras muy aburridas pueden experimentar graves trastornos de comportamiento. Pero si les proporciona mucha diversión se convertirán en unos canarios ágiles y despiertos. También deberá pensar en ello si sus canarios llegan a reproducirse (ver pág. 32). Para ello cuelgue en la jaula cada día algunas ramas con brotes u hojas que no estén rociadas con pesticidas (ver pág. 40). A mis Harz Roller les gustan especialmente las ramitas frescas de sauce. Al cabo de pocas horas ya han picoteado toda su corteza.

Juegos contra el aburrimiento

Al vivir en cautividad es necesario que los canarios también puedan ejercitar su innata capacidad para afrontar nuevas situaciones. ¡Debe ser muy triste pasarse el día sentado en la percha y sin tener nada más que hacer que mirar la pared! A los canarios, los juguetes siempre les parecerán más atractivos si en ellos se esconde algo bien sabroso.

Unas ramas muy interesantes: Cuelgue para los canarios algunas ramitas tiernas (ver pág. 40) de distintas longitudes en el interior de su jaula para que puedan picotearlas a gusto.

Fútbol: Ponga un poco de perejil en el interior de una de esas pelotitas de rejilla que venden en las tiendas de animales. No tardarán en descubrir la forma de sacarlo, y mientras lo hacen jugarán un buen partido.

El baile de la cuerda: A los canarios les encanta jugar con cordeles de cáñamo trenzados que sujeten hojas de diente de león. Cuélguelos en un lugar un poco elevado para que el juego sea aún más excitante.

Trapecistas: Los canarios disfrutan balanceándose en columpios, aros de madera y ramas finas. El columpio les supone la posibilidad de posarse en un lugar de reposo móvil, lo cual les obliga a ejercitar sus músculos mediante el balanceo.

En busca de la comida: Cuelgue algunos trocitos de verdura (ver pág. 40) en distintos lugares de la habitación. A los canarios les hará mucha ilusión picotearlos.

Picnic campestre: cuando estén sueltos, este rincón con plantas verdes y jugosas no tardará en convertirse en su lugar de juego favorito.

Los mejores juguetes para canarios

	Material y construcción	Juego
Columpio	En las tiendas de animales encontraremos una gran variedad de columpios	El balanceo del columpio lo convierte en su lugar favorito para reposar y descansar.
Cuerda para trepar	Cuerda gruesa de fibra de coco que se compra en los «Garden Centers» y se cuelga en la habitación en la que vuelan los canarios.	A los canarios les gusta deshilachar las fibras y los nudos.
Manojo de mimbre	Ate algunas ramitas de sauce con un cordel grueso y cuelgue el conjunto en la habitación de los pájaros.	Los canarios investigarán a fondo las ramas y brotes. Si les añadimos algunas golosinas aún les gustarán más.
Árbol para trepar	Ponga varias ramas largas y ramificadas en un tiesto con arena y colóquelo en algún lugar elevado de la habitación.	A los canarios les gustará mucho posarse en este «árbol». Añádale algunas hierbas apetitosas para hacerlo más atractivo.
Pelota de rejilla	Pelotas de rejilla de plástico que se venden en tiendas de animales. Llénelas con trocitos de manzana o verduras.	Los pájaros se divierten y se ejercitan a la vez que buscan alimento.
El placer de la ducha	En la habitación de vuelo coloque una fuente de interior con una cascada y un recipiente amplio y plano.	Los canarios podrán ducharse y bañarse a sus anchas. Cambiar el agua una o dos veces al día.

Vuelo libre sin riesgos

Si nuestros pequeños cantores saben que a la hora de volar en libertad van a poder descubrir muchas cosas interesantes esperarán impacientes a que llegue el momento de salir de la jaula. Cuando usted coloque nuevas ramitas en su lugar favorito lo observarán con la cabeza ladeada y emitiendo un sonoro canto de llamada. Cuando finalmente les abra la puerta, se lanzarán a toda velocidad hacia la nueva atracción.

Medidas de seguridad

Revise bien la zona de vuelo antes de dejar sueltos a los canarios para que éstos puedan disfrutar de su aventura sin correr ningún peligro.

➤ Cubra las ventanas con cortinas o con ramas planas y muy ramificadas.

➤ Cierre bien las ventanas y las puertas para que los canarios no se escapen o queden atrapados en ellas.

➤ Dígales a los demás miembros de la familia que va a soltar a los canarios. A éstos les gusta posarse en el suelo para buscar comida y podrían ser pisados por alguien.

➤ Tape los acuarios y otros recipientes con agua. A estas aves les encanta el agua y podrían llegar a ahogarse al intentar bañarse.

➤ Tape con toallas o listones de madera las rendijas de detrás de los armarios. Cierre los cajones.

➤ No deje ningún medicamento a su alcance. Podrían llegar a intoxicarse.

➤ El fertilizante para las plantas de interior es tóxico para los pájaros. Cubra la capa superior de la maceta con tierra de bosque.

El regreso a la jaula

Después de pasar una excitante hora volando en libertad sus canarios regresarán voluntariamente a la jaula. Pero a muchos de estos astutos cantarines les gustaría poder volar durante todo el día para buscar cosas nuevas, y si alguien se acerca a la jaula vuelven a salir disparados. Acostúmbrelos a que solamente recibirán su golosina favorita en la jaula al final de la sesión de vuelo. Permanezca delante de ella hasta que el pájaro esté dentro devorando la golosina. Entonces cierre la puerta. No se le ocurra nunca intentar capturar al canario con una toalla. A sus ojos se habría convertido usted en un predador y es probable que nunca volviese a cantar.

A los canarios domesticados les encanta jugar a «subir escaleras» con su persona de confianza.

> *Cocktail de frutas: a los canarios hay que ofrecerles las frutas y las verduras troceadas a la medida de su pico.*

Como último recurso puede atar un hilo a la puerta de la jaula de forma que pueda cerrarla tirando de él desde una cierta distancia cuando los pájaros estén comiendo en su interior.

Un lugar para jugar

El campo de juegos es el lugar ideal para que los canarios se distraigan. Lo ideal es situar este circuito de actividades cerca de una ventana soleada. En las tiendas de animales encontrará una gran variedad de juguetes para pájaros que usted puede modificar para hacerlos aun más interesantes para sus canarios. Emplee toda su imaginación y construya un verdadero parque de atracciones en miniatura.

Puede unir algunas ramas gruesas con cuerdas de fibra de coco o de cáñamo, o taladrar agujeros en las ramas para colocar en su interior manojos de hierbas o brotes tiernos, o pinchar trocitos de frutas y verduras (ver pág. 40). Los columpios y aros de madera añadirán interés al lugar, y si coloca una maceta con hierbas o perejil no tardará en convertirse en su lugar favorito. Con semejante oferta, los canarios no perderán el tiempo posándose sobre los muebles o en las estanterías.

RECUERDE

De vacaciones

✔ Busque con tiempo una persona que pueda ocuparse de los canarios durante su ausencia.

✔ Dele por escrito las instrucciones acerca de la alimentación de los pájaros y la frecuencia con que hay que limpiarles la jaula (ver la ficha de la página 62).

✔ Deje la dirección de su lugar de vacaciones y el número de teléfono del veterinario.

✔ Si la jaula es lo suficientemente grande será mejor que durante su ausencia nadie deje que los pájaros vuelen sueltos.

✔ Si solamente va a estar fuera durante algunos días puede dejar algunas macetas con hierbas para que los canarios estén bien provistos durante su ausencia.

Cuestiones acerca del vuelo y los juegos

 **Cuando dejamos suelto a nuestro canario siempre se enfrenta a la cafetera y empieza a batir las alas ante su brillante superficie. ¿Por qué lo hace?**

Su canario es muy dominante. No reconoce su propia imagen al verse reflejado y cree que es un rival que le disputa el territorio. A la larga esta agresividad no es nada saludable para el pájaro. Retire la cafetera cuando vaya a soltarlo. A su canario le convendría una hembra. Considere si podría alojar correctamente a una pareja durante el invierno (ver pág. 9).

Se me ha escapado un canario. ¿Qué puedo hacer para recuperarlo?

Saque la jaula al exterior, colóquela en un lugar bien visible y ponga muchas golosinas en su interior (ver pág. 40). Es probable que el canario regrese cuando tenga hambre. Puede emplear un hilo (ver pág. 54) para cerrar la puerta a distancia.

Si el pájaro está domesticado puede intentar llamarlo y atraerlo con golosinas. Si usted solía poner la jaula en el exterior es posible que el canario ya conozca un poco el entorno y sepa regresar. En el futuro tenga la precaución de cerrar bien todas las puertas y ventanas (ver el recuadro de la página 14).

Hemos adoptado un canario en un refugio para animales abandonados. Es muy manso, pero no quiere salir de la jaula. ¿Cómo puedo animarlo a volar libre por la habitación?

Es probable que su antiguo dueño nunca lo dejase volar. Ahora tiene que volver a descubrir lo divertido que puede llegar a ser desplazarse por los aires. Constrúyale un pequeño terreno de juego (ver

Los alimentos nuevos son sometidos a un estricto control visual antes de probarlos con el pico.

pág. 55) y póngalo cerca de la jaula. Al cabo de unos días quizá podrá atraerlo hasta ahí con algunas golosinas y conseguir que se anime a salir de la jaula.

❓ A mis canarios les encanta destrozarme las plantas de interior con su pico. ¿Qué puedo hacer para evitarlo?

Cuando los canarios están sueltos necesitan disponer de un lugar interesante para posarse en él. Un campo de juego (ver pág. 55) probablemente los mantendrá apartados de las plantas. Ofrézcales mucha variedad y diviértase observándolos. Retire cualquier planta que pueda ser tóxica para ellos (ver pág. 40).

❓ Nuestra hija hace tiempo que nos pide que le compremos un canario para jugar con él. ¿Es una buena mascota para una niña de doce años?

A los niños les gustan los animales domésticos mimosos y con los que puedan jugar. El canario no es adecuado para esto, y sería mejor que eligiese otro animal. Compruebe si la niña siente una especial atracción por los canarios o si solamente quiere tener un animal al que ella pueda cuidar.

Los canarios nos permiten efectuar observaciones muy interesantes y esto es lo que los hace tan atractivos para mucha gente, incluso para los más jóvenes. Si es esto lo que le interesa a su hija, a la edad de doce años podrá cuidarlo perfectamente. Pero recuerde que, en última instancia el responsable del bienestar del animal será usted.

❓ Mi pareja de canarios puede volar libremente por la galería de casa durante casi todo el día. Ahora la hembra parece que quiere empezar a construir un nido. ¿Cómo puedo conseguir que se interese por el cesto de anidación que le he puesto en la jaula?

Generalmente podrá vigilar mejor la incubación y la crianza de los polluelos en una jaula. Cuando los pájaros jóvenes empiezan a volar fuera del nido son muy vulnerables y pueden lesionarse con facilidad. Lo ideal es mantener la pareja en el nido hasta que la hembra haya decidido la ubicación del nido y haya terminado su construcción. A partir de ese momento se sentirá tan ligada a ese lugar que aunque viva en semilibertad nunca volverá a construir un nido en otra parte.

MIS CONSEJOS PERSONALES

Lutz Bartuschek

Gánese su confianza

➤ No intente capturar a su canario con toallas o con una escoba. Lo único que lograría sería que su pájaro se volviese tímido y que se destruyese la relación que había conseguido establecer con él.

➤ Acostumbre a sus pájaros a que oigan un silbido o una campanilla cuando les dé sus verduras favoritas. Así luego podrá llamarlos «a casa» cuando quiera que vuelvan a la jaula.

➤ Mis canarios se divierten mucho con unas largas cañas de bambú que solamente están sujetas a la reja de la jaula por uno de sus extremos. Sobre ellas pueden columpiarse a sus anchas.

➤ Cuando tenga que capturar a sus pájaros en la jaula disfrácese un poco (máscara, chaqueta, pasamontañas) y no diga ni una palabra. Así luego sus pájaros tendrán miedo del disfraz pero no de usted.

FASE DE REPOSO

Durante los primeros días en su nuevo hogar los canarios necesitan mucha **tranquilidad** para adaptarse a un entorno que les es totalmente desconocido. Si les habla con un **tono suave** y se mueve sin brusquedad pronto le tomarán confianza.

Una garantía de bienestar para sus canarios

UN HOGAR CONFORTABLE

Los canarios son unas aves muy activas y vitales. Cuanto más espaciosa sea su jaula, mejor podrán desarrollar su inquieta personalidad. Si la **jaula es amplia** podemos añadirle algunas ramas para decorarla y hacerla más interesante sin que sus habitantes dejen de tener espacio libre para volar.

CAMPO DE JUEGOS

En cada canario se esconde un descubridor en potencia. Una **instalación muy variada** les estimulará sus ansias de descubrir, les mantendrá activas sus pequeñas células grises y les hará estar de buen humor. Les encantan los juegos con comida cuando vuelan sueltos.

MACHISMO

Los machos son pequeños pero pendencieros. Defienden su territorio con el canto, pero no dudan en recurrir al empleo del pico si hace falta. Les gusta dormir solos y necesitan un **lugar de descanso propio**. ¡Dos machos no pueden compartir la misma jaula!

LUZ A RAUDALES

La luz es vital para los alegres canarios. Están siempre muy activos y su rápido metabolismo consume gran cantidad de energía. La **luz natural** rige los ciclos anuales del pequeño cantarín. Lo ideal es colocar la jaula ante una ventana a la que le dé el sol por la mañana.

UN PARAÍSO ACUÁTICO

Todos los canarios adoran el líquido elemento. El baño diario y relajado es una de sus necesidades primordiales. Les gusta chapotear en **agua limpia** y limpiarse el plumaje en ella. Así se mantiene sano y apto para el vuelo.

Nuestros 10 consejos básicos

EJERCICIO FÍSICO

¡Los canarios necesitan poder volar! Esto los mantiene en forma y refuerza sus defensas. Es imprescindible **dejarlos volar libremente** una vez al día y gozar de las arriesgadas acrobacias aéreas con las que nos lo agradecerán. Una hora diaria es lo mínimo. ¿Puede dejarlos sueltos durante más tiempo? ¡Tanto mejor!

UN PALADAR EXIGENTE

A los canarios les encanta comer **hojas, verduras y frutas.** Estos alimentos frescos les proporcionan una gran cantidad de vitaminas y nutrientes esenciales que no obtendrían con una ración extra de grano.

LIMPIEZA DOMÉSTICA

Los pájaros pueden limpiarse muy bien el plumaje, pero la limpieza de la jaula va a tener que hacerla usted. Para que el pájaro tenga una vida larga y saludable es imprescindible que su **jaula esté muy limpia.** La limpieza periódica es una de las obligaciones básicas de su cuidador.

MEDIDAS DE SEGURIDAD

Las aves que viven en libertad aprenden pronto qué es lo que más les conviene y se mantienen fieles a una dieta determinada. Los canarios que viven en cautividad necesitan que su cuidador se encargue de mantener las **cosas tóxicas o peligrosas** lejos de ellos para que no les pase nada.

Los números de página expresados en **negrita** corresponden a las ilustraciones.

El autor

Lutz Bartuscheck hace muchos años que estudia el comportamiento de las aves. Trabaja en programas de reintroducción de aves y en estudios para su mantenimiento en semilibertad. Hace más de diez años que reproduce canarios con notable éxito. Es ingeniero de construcción de jardines y se ha especializado en la integración de pajareras en parques y jardines.

El fotógrafo

Oliver Giel es especialista en fotografía de la naturaleza y de animales.

Mis canarios

➤ **Nombres:** _____

➤ **Tienda donde los adquirí:** _____

Así les doy de comer:

➤ _____

_____

_____

Juegos y juguetes favoritos:

_____

_____

_____

Así les gusta que los cuiden:

➤ _____

_____

_____

Éstas son sus pertenencias:

➤ _____

_____

_____

Particularidades:

_____

_____

_____

Éste es su veterinario:

➤ _____

_____

_____

Título de la edición original: **Kanarien vögel**

Es propiedad, 2002
© **Gräfe und Unzer Verlag GmbH,** Múnich

© de la edición en castellano, 2014:
Editorial Hispano Europea, S. A.
Primer de Maig, 21 - Pol. Ind. Gran Via Sud
08908 L'Hospitalet - Barcelona, España.
E-mail: hispanoeuropea@hispanoeuropea.com

© de la traducción: **Enrique Dauner**

Depósito Legal: B. 6038-2014

ISBN: 978-84-255-1519-4

Sexta edición

Consulte nuestra web:
www.hispanoeuropea.com

IMPRESO EN ESPAÑA   PRINTED IN SPAIN

PRINTHAUS, S.L. Ctra. Bilbao-Galdakao, 18, 1º Dcha – 48004 Bilbao (Bizkaia)